Wege

Von Frank Kralemann

Buchbeschreibung:

In diesem Buch sind nicht nur die Liebes-
gedichte der vergangenen drei Jahre ent-
halten, sondern auch andere Gedichte , die
sich aus den Wegen, die ich gegangen bin,
ergeben haben.

Über den Autor:

Frank Kralemann hat schon viele Bücher
geschrieben. Meist Sachbücher, das erste
Buch erschien 2006. Er ist Vater und wohnt in
der Nähe von Bielefeld.

Wege

Gedichte 2019-2021

Frank Kralemann

Herstellung und Verlag:
BoD-Books on Demand
Norderstedt

1. Auflage, 2021

© 2021 Alle Rechte vorbehalten.

Herstellung und Verlag:

BoD-Books on Demand

Norderstedt

ISBN: 9783755726944

Der Tag wird kommen
Der aus seinem Ende
Die Nacht für uns bereitet
Unsere Nacht
Die uns umhüllt
Die Liebenden
Zwei Körper
Eine Lust
Schattenspiele
Voll von Liebe

Rita ist nicht mehr da
Meine Nachbarin
Ich sah sie oft auf dem Balkon
Eine rauchen
Wir sprachen kurz
Ein nettes Wort
Jetzt ist sie fort
Zum Sterben im Hospiz
Wie es wohl ist alles ein letztes Mal
Ich fragte war dein Leben voll
Sie lachte, meine Urlaube waren toll
Dann ein Tschüss
Alles Gute
Wir beide wussten es besser

Wir sind zwei

Doch eins

In der Liebe

Versprochen

Gehalten durch ein uraltes Band

Stärker als der Tod

Und doch das Leben

Sehnsucht nach Dir

Der Tag ruft

Das graue Licht des beginnenden Tages

Verspricht keine Sonne

Und doch ist sie da

In mir, wenn ich dich denke

Dann wird mir warm

Ich lächel, weil Liebe und Freude

In mir sind

So wie Du

In meinem liebenden Herz

Liebe ist alles

Weil Sie das Fundament des Lebens ist

Liebe ist ewig

Sie entsteht immer wieder neu

Liebe gibt dem Leben Sinn

Weil Sie Verbindung ist

Zu Dir

Ich liebe dich sehr

Heute Nacht hatte ich eine Sorge
Was wäre, wenn der beste Tag
Meines Lebens hinter mir liegt
Sind jetzt alle Tage schlechter
Nein, für mich ist jeder kommende Tag
Der beste Tag meines Lebens
Weil ich immer wieder alle Möglichkeiten habe

Liebe ist die Basis

Sie ist da, wenn das Herz Liebe erkennt

Manchmal ist die Sehnsucht größer

Als das, was das Herz findet

Dann erkaltet die Liebe

Oft wird dann Freundschaft

Die neue Wirklichkeit

Mal bleibt nur der Schmerz

Als Narbe

Dann wird das Herz traurig

Und schwer

Liebe ist alles
Liebe ist immer
Liebe ist bedingungslos
Liebe ist Schmerz
Liebe ist Lust
Liebe ist Verlangen
Liebe hat deinen Namen
Du bist in meinem Herzen

Der Anfang der Liebe

Ist das Erkennen

Deinen Menschen gefunden zu haben

Die Aufgabe ist

Mit ihm zusammen zu kommen

Euer Leben zu verbinden

Diese Liebe voll-enden

Ein Ende der Liebe gibt es nicht

Sex ist beliebig

Liebe nicht

Sie ist einzig

Die Ruhe

Ist nicht die Abwesenheit von Lärm

Sie ist eine Blume

Die in der Stille wächst

Sie braucht Zeit und innere Einkehr

Die Ruhe der Seele

Wächst wenn der Geist ruhig, ist

Sorgen und grübeln müssen ihre Nester

Woanders bauen

Liebe hilft

Liebe ist die Erklärung

Für ein unordentliches Gefühl

Von Begehren, Verbindung und

Dem Wunsch, dass dieses Gefühl

Für immer ist

Liebe ist das Wort

Für etwas, das eine Welt ist

Eine Welt deren Grund

Die Polarität ist

Die nie überwunden werden kann

Weil wir zwei Menschen sind

Was bleibt, ist Dankbarkeit

Für die Zeit des Einsseins

Der Teufel ist ein Stück

Schokolade

Er lacht

Wenn Du es dir

Gemütlich machst

Ja, leg dich aufs Sofa

Flüstert er dir zu

Da ist es schön

Langeweile, es ist noch Eis

In der Truhe

Es ist schwer ihm

Zu widerstehen

Doch Du musst den harten Weg

Gehen

Eine wunderschöne Frau

Bringt die besten Seiten des Mannes zum

Schwingen

Beide sind Töne

Die gemeinsam ein Lied der Liebe sind

Der Mann sehnt sich nach ihr

Sie ist seine Erfüllung

Er möchte nie mehr ohne sie sein

Diese Frau bist du

Für immer in meinem Herzen

Ach hätte ich doch

Ach hätte ich doch nicht

Doch nicht

Doch

Nicht

Spielt keine Rolle

Hätte

Schon

Ohne Du kein wir

Kein Dein kein mir

Du ohne Dich kein ich

Du bist

Und ich

Sind

Liebe

Jede Nacht ohne dich

Ist wie ein Tag ohne Sonne

Leer

Gleich beginnt der Tag

Voll, hell und schnell

Jede Zeit, die vergeht

Bringt mich dir näher

Darum ist Sehnsucht so wichtig

Sie bringt mich zu dir

Ich will nicht dein Freund sein

Sondern dein Mann

Ich bin nicht nett, sondern toll

Wir haben keine Beziehung,

Dafür lieben wir uns leidenschaftlich

Statt Routinen erleben wir Abenteuer

Ich brauche dich nicht

Ich will dich

Der Sommer nicht recht geboren

Geht gleich an den Herbst verloren

Herbst, Zeit vorzusorgen

Für lange Nächte

Nicht allein

Mit Kerzenschein und rotem Wein

Unter warmen Decken wohl geborgen

Mit Dir, gemeinsam sein

Weil ich dich liebe

Ist aus dir und mir

Ein wir geworden

Einsamkeit wird Verbundenheit

Zukunft ein Versprechen

In meinem Herzen gibt es viele Zimmer

In einigen wohnen Liebe, Trauer, Angst

Alles, was ein Herz braucht

Andere sind bewohnt von Lieblingsmenschen

Manche bleiben für immer

Wie meine Mutter

Vor einiger Zeit ist jemand eingezogen

Einfach so

Das warst Du

Es ist schön dich im Herzen zu tragen

Jetzt bist du immer bei mir

Weil ich dich liebe

Hat mein Leben einen Sinn

Freue ich mich jeden Tag auf dich

Ist mein Herz glücklich und weit

Bin ich nicht mehr einsam

Ist aus ich ein wir geworden

Weil ich dich liebe

Mein Leben ist den Wellen gleich

Wellen die sich brechen

Kleine Wellen,sanft laufen sie am Strand aus

Hohe Wellen, voller Kraft, Sie können zer-

stören

Wellen entstehen aus sich selbst

Bis auf meine letzte Welle

Die läuft einfach aus

Deine Liebe ist bei mir immer
Sie begleitet mich
Sie zweifelt nicht
Wenn ich arbeite, ist sie neben mir
Manchmal reden wir
Schlafe ich, träumt sie in mir
Morgens weckt sie mich zart
So schön deine Liebe zu haben
Weil deine Liebe meine Liebe ist

Das Alter bringt den Tod

Wie ein Panther lauert er

Verfolgt dich

Du weißt, er ist da

Manchmal wagt er es

Dich anzuspringen

Doch noch kannst Du ihn niederringen

Noch

Irgendwann wird er sein Werk vollbringen

Da bist du

Du hast eine Zeit

Deine Zeit

Du hast die Wahl

Nutze Sie

Mach einen Unterschied

Sag ja zu deinem Leben

Es gibt dir dass, was Du verlangst

Verlange viel

Zweifel nicht

Sondern vertrau

Du wirst gehalten

Warte nicht

Sondern mach

Das Leben wartet auch nicht

Sondern vergeht

Darum feier den Tag

Du Blume meiner Liebe

Ich möchte dich immer nehmen

Mal wie der Ackermann

Der im Frühling den feuchten Boden bricht

Um den Samen in die offene Furche zu legen

Mal wie der Gärtner

Der eine Rose pflanzt

Dafür den Boden vorbereitet

Lockert und düngt

Damit die Rose gelingt

In dieser Zeit

Der Dunkelheit, Kälte, Trennung

Ist Liebe Medizin

Licht, Wärme und Verbindung

Die Verbindung mit dem Absolutem

Liebe ist Wahrheit

Hoffnung ist Bedingung

Vorfreude lässt Sie uns schmecken

Mut bringt die Entscheidung

Vollkommen ist die Liebe, wenn Sie ein Ja

bekommt

Liebe ist Vereinigung
Liebe ist Hoffnung
Liebe ist Verschwendung
Liebe ist Verbindung
Zum Leben, zur Welt, zu Dir
Zu lieben bedeutet
Radikal zum Leben ja sagen
Mit allem, was ist

Der Schnee, mein Freund

Legt sich leise auf die Welt

Bedeckt Farben , Töne, Wärme

Nur Spuren bleiben

Bis er wieder geht

Er gibt uns die Welt zurück

Die dann eine Andere ist

Sehnsucht

Eine Hand, die eine Andere halten möchte

Ein Arm, der im Dunkeln eine Schulter sucht

Nachts wach werden und nicht wissen warum

Fragen, die keine Antwort bekommen

Ein Herz, das langsam schlägt und doch

Tanzen möchte

Sehnsucht

Ein Wort, dass viele ist

Der Winter ist ein Freund

Er macht die Welt langsam

Und nimmt den Lärm raus

Den Tagen gibt er blasses Licht

Dafür sind die Nächte lang und

Kuschelig

Wenn man nicht alleine ist

Er entschleunigt die Welt

Gibt dem Menschen einen Platz

Er ist größer als der Sommer

Ernst, nicht böse

Er wird respektiert

Wenn er da ist, macht er was er will

Ist ja Winter

Zweifel nicht

Wenn du auf dem Weg bist, geh weiter

Zweifel nicht, welcher Weg richtig ist

Jede Richtung bringt dich wohin

Und er ist richtig

Ganz sicher

Denn es entstehen immer Möglichkeiten

In denen wieder Geschichten geboren werden

In denen du leben kannst

Wenn du in Bewegung bleibst

Darum geh los

Weiter

Sieh die Geschenke

Pflücke das Leben, das sich dir darbietet

Sei Mutig

Dem Mutigen gehört die Welt

Mut heißt nicht keine Angst zu haben

Sondern trotz Bedenken nicht zu zögern

In das Leben hinein zu springen

Die Fülle zu leben das höchste Gefühl

Doch auch bereit das Risiko des Fallens

Wenn es so ist bewusst anzunehmen

Wer hochsteigen will, muss auch den Absturz

Wollen

Der Mensch ist immer unbestimmt in seiner

Existenz

Er will Konstanz, die es für ihn nicht geben

Kann

Nur wenn er bereit ist loszulassen, kann er

Wirklich frei sein

Dann sieht er die Weite der Welt vor dem

Hintergrund seiner bedingten Existenz

Sein

Da sein

Verliebt sein

Geliebt sein

Zusammen sein

Eins sein

Sein

Schlaf nicht so viel

Einmal wirst du nicht mehr aufwachen

Mach es jetzt, wo du noch stark bist

Bald hast du keine Kraft

Auf was willst du warten

Auf morgen

Einmal gibt es kein Morgen

Was soll dir passieren

Wenn doch der Tod unser Ende ist

Du hast ein Verfallsdatum

Sei also mutig

Lebe deine Träume

Leben eben

Zweifel nicht

Nie

Kleine Pflanze Liebe.

Du bist bei mir eingezogen.

Erst habe ich es nicht gemerkt.

Dann sah ich die Unordnung.

Mein Herz, das vor Sehnsucht schmerzt.

Mein Verstand, der nicht mehr denken kann.

Da wusste ich, Du bist da

Ich werde dein Freund sein,

damit du groß wirst.

Vernünftig bitte nicht.

Du hast auch einen Namen

Du Schöne

In meinen Träumen spielst du die Hauptrolle

Liebe allein, geht nicht.

Romeo hat Julia

Dr. Schiwago liebt Lara

Du Schöne,

mein Herz sehnt sich nach dir

Deine Schönheit ist Salbe für mein Auge

Dein Bild ist für immer in meinem Herzen

Du Schöne,

Dir sag ich die drei Worte

Ich liebe dich

Wir fallen gemeinsam

Ich halte dich dicht bei mir.

Du vertraust.

Wir sprangen gemeinsam in die Tiefe.

Loslassen alles.

Die Liebe hat uns gehalten.

Sie ist bedingungsloses Vertrauen.

Als die Liebenden steigen wir wieder in die Welt.

Ich liebe dich

3 kleine Worte.

Doch dahintersteht

Ein Versprechen,

Eine Hoffnung,

Eine Zukunft,

Eine Liebe,

Ein Leben.

Verschwende Dich,

Gib dich mir ganz.

Halt nichts zurück.

Lass uns die Fülle leben.

Dieser Moment gehört der Lust

Sich geben und nehmen.

Einmal kommt die Dunkelheit,

Bis dahin möchte ich mit dir im hellen Licht sein.

Wer liebt, muss sich fallen lassen

Springen in eine Tiefe, deren Grund er nicht sieht.

Gemeinsam, ich halte dich dicht bei mir.

Wir werden gehalten.

Die Liebe macht uns zu anderen Menschen.

Die Liebenden

Ich lebe

Manchmal mache ich Fehler.

Manche sind groß.

Manche merkt man nicht.

Ab und zu stolpere ich,

dann falle ich.

Wenn ich dir weh getan habe,

dann tut es mir leid.

Manchmal kann man verzeihen,

nicht immer gelingt es.

Ich würde gerne wieder mit Dir

Reden.

Immer wenn ich an dich denke,

freue ich mich,

dass ich so ein Glück hatte,

dich gefunden zu haben.

Dann denke ich daran, wie schön du bist,

Und wie romantisch .

Aus diesem Gefühl wächst die Sehnsucht nach

Dir,

Deinem Kussmund, dich im Arm halten,

Ganz dicht.

Über allem steht die Liebe

Herbstliebe

Die Frühlings Liebe war die erste Liebe.

Sie war aufregend. Alles war neu, bunt, heiß,

manchmal schnell beendet.

Mit der Sommerliebe bekamen wir die Kinder,

dann bauten wir ein Haus.

Sie war produktiv.

Doch einmal war sie aus.

Die Herbstliebe ist leidenschaftlich und erfüllend,

wenn man sie gefunden hat.

Wertvoll weil so selten.

Wir schätzen Sie und halten sie fest.

Mit ihr wollen wir durch den Winter gehen bis

ans Ende der Zeit.

Herbstliebe 2

Die Felder sind leer

Und Bahnen für den Wind geworden.

Jetzt ist die Zeit

Für Kerzenschein,

Zweisamkeit,

Lange Nächte,

In denen man sich hält.

Sich nahe ist,

geborgen.

Liebe heißt sich nach dir zu sehnen,

wenn du nicht da bist.

Wenn du da bist,

sich selbst zu vergessen,

Um mit dir gemeinsam in der Liebe eins zu

werden.

Wenn Liebe ein Tropfen wäre

Mein Herz die Quelle

Dann hättest Du ein Meer

Mit dich liebenden Wellen

Wenn Liebe ein Stern wäre

Dann wäre deine Nacht hell

Die Sterne würden dir leuchten

Deine Nacht mit Liebe füllen

Wenn Liebe ein Buchstabe wäre

Dann hättest Du eine Geschichte

Die von Sehnsucht, Begehren

Und Erfüllung handelt

Da die Liebe nichts von alledem ist

Hast du mein Herz, meine Hand

Diese Zeilen

Und meine tiefe Sehnsucht nach dir

Da bist du, dicht

Ich fühle Dich, bevor ich Dich berühre

Ich erfasse dich mit allen Sinnen

Bin voll von Dir

Ich spüre die Erregung

Das Herz schneller

Das Dich wollen

Nehmen und genommen werden

Kontroll Verlust

Es gibt nichts zu sagen

Lust braucht keine Worte

Küssen jetzt küssen

Die Zeit verschwindet

Das Denken, weg

Nur küssen

Dich

Halten

Versinken, verschmelzen

Weiter und weiter

Schneller, tiefer, härter

Keine Rose gleicht der anderen
Und doch ist jede perfekt
Schönheit ist einzig
Wie auch Du
Rose meines Herzens
Wunderschön und einzigartig
Eine Göttin

Sein
Dasein
Glücklich sein
Verliebt sein
Geliebt sein

Eine Rose muß erst reifen,
Dann öffnet sich die Blüte
Der Sonne zu
Jetzt zeigt Sie ihre Pracht.
Zugleich bedeutet der Punkt höchster Schönheit
Ihren Abschied

Corona
In dieser Zeit
Der Dunkelheit, Kälte, Trennung
Ist Liebe Medizin
Licht, Wärme und Verbindung
Die Verbindung mit dem Absolutem
Liebe ist Wahrheit
Hoffnung ist Bedingung
Vorfreude lässt Sie uns schmecken
Mut bringt die Entscheidung
Vollkommen ist die Liebe, wenn Sie ein Ja
bekommt

Alles ist im Werden
Um dann im Sein zu vergehen
Werden und Vergehen
Alles fließt
Das Prinzip des Lebens
Daraus entsteht eine Hoffnung
Werden ist Leben
Solange Werden ist wird Leben sein
Hört Werden auf, gibt es auch kein Sein
Dann bleibt nichts
Das ist nicht denkbar

Du streifst über leere Felder
Spielst dann wieder mit den Wolken
Dann besuchst du uns
Wir sitzen im Schatten und trinken süßen Wein
Lachen und küssen uns
Du streichelst mit einem warmen Hauch über
unsere nackte Haut
Danke
Schön dass es dich gibt
Sommerwind

Mein Herz
Wie sich daß Meer
Im Sturm in der Brandung bricht
So ist meine Liebe zu dir
Stürmisch und stark
Das Meer kann auch leise sein
Es ist immer da
So ist meine Liebe zu dir
Ewig
Ich möchte daß Du, daß weißt
Immer
So wie ich meine Liebe zu dir
In meinem Herzen trage
Und einen Kuss auf den Lippen
Der auf Dich wartet

Ich brenne für dich
Erst bemerkte ich es nicht
Ausser der Hitze
Da war diese kleine Flamme
Herzgegend, Schwelbrand
Ich wusste, daß must Du sein
Sehnsucht, Liebe, Begehren
Alles
Dann stand ich in Flammen
Lichterloh
Unlöschbar
Das ist gut so
Ich will ewig brennen
Mit dir

Begehren, verzehren,sehnen
Haben wollen
Nicht ohne dich leben können,
Verzaubernd, bezaubernd,
Betörend, verführend,
Ich versuche zu sagen
Ich will dich

Dieses kleine Blatt Papier
Das schenke ich dir
Darauf hab ich geschrieben
Ich werde dich immer lieben
Ob du es glaubst oder nicht
Ich liebe dich

Du bist die Frau, mit der ich alt werden möchte
Wenn ich alt bin
Vorher möchte ich tanzen und spielen
Das Leben ein Fest
Lass uns gemeinsam eine Geschichte beginnen
Voll mit Liebe, Nähe und Zärtlichkeit
Sie soll enden wie alle Geschichten
Wenn Sie nicht gestorben sind

Manchmal will ich alleine sein
Allein in mir geborgen
Allein auch in mir verloren

Dann endet das Rauschen
Aus diesem Nichts entsteht eine Welt

In die Du und ich als wir geboren
Die Quelle wird das Meer

Manchmal verlaufe ich
Wie ein Klecks auf Papier
In alle Richtungen zieht es mich
Ein tanzendes Tintennetz,von
Träumenden Spinnen gewebt
Vielleicht gibt es ein Muster
Was wäre, wenn das Netz lebt

Zufrieden sein
Zuhause sein
Zusammen sein
Eins sein
Sein

Herzschmerz
Weltschmerz
Tief fallen
Hochsteigen
Das kann Ich mit Dir

Ich liebe die sanften Erhebungen
Die deinen Körper so anziehend machen
Zeichen der Polarität
Ohne Täler keine Hügel
Weiß nicht, was ich jetzt mehr liebe
Täler oder Hügel
Ich liebe Dich